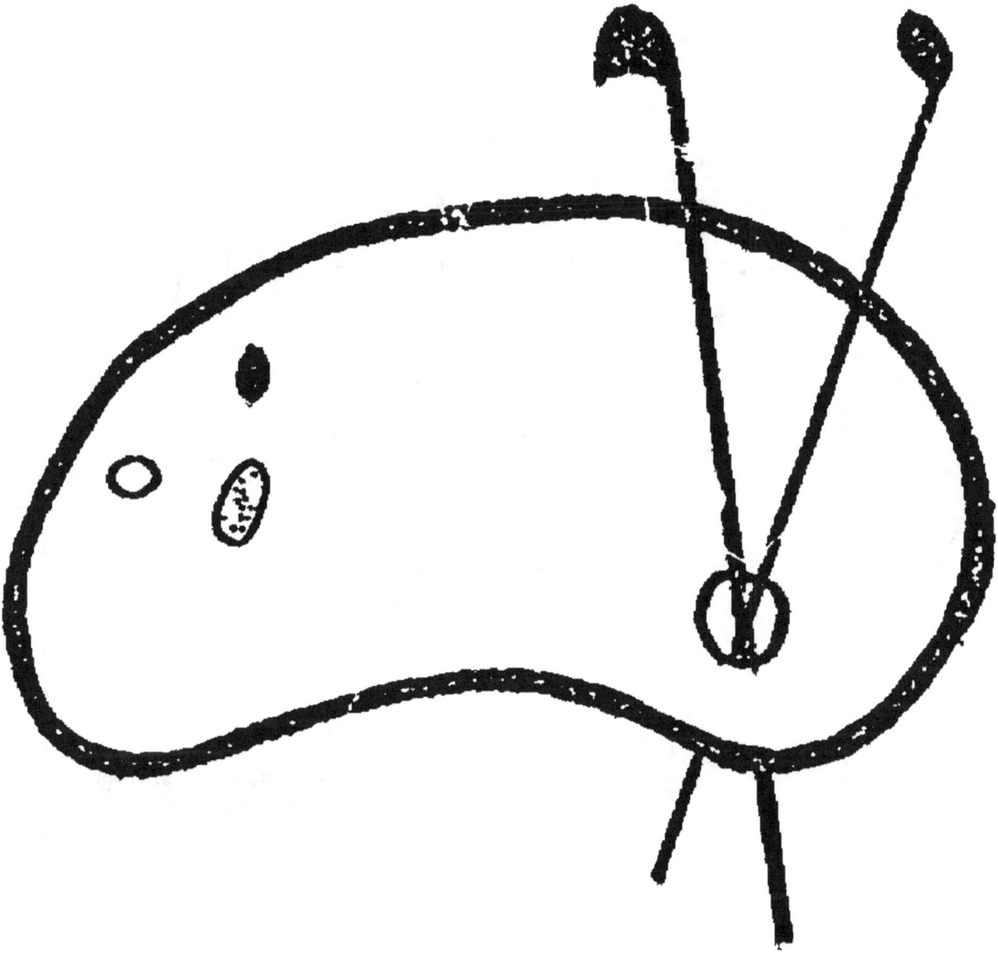

COUVERTURE SUPERIEURE ET INFERIEURE
EN COULEUR

Gazette des Tribunaux des 5, 7 et 8 Mars 1862.

DU PRINCIPE

DES

DROITS D'AUTEUR

ET DE

LA PERPÉTUITÉ.

Par Ach. GOURNOT,

AVOCAT A LA COUR IMPÉRIALE DE PARIS

La propriété littéraire et artistique
N'EST PAS une propriété

PARIS

CHEZ E. DENTU, LIBRAIRE-ÉDITEUR,
Palais-Royal, 13, galerie d'Orléans.

1862.

IMPRIMERIE DE A. GUYOT ET SCRIBE,
rue Neuve des-Mathurins, 18

DU PRINCIPE

DES DROITS D'AUTEUR

ET

DE LA PERPÉTUITÉ.

IMPRIMERIE DE A. GUYOT ET SCRIBE,
Rue Neuve-des-Mathurins, 18.

Gazette des Tribunaux des 5, 7 et 8 Mars 1862.

DU PRINCIPE

DES

DROITS D'AUTEUR

ET DE

LA PERPÉTUITÉ.

Par Ach. GOURNOT,

AVOCAT A LA COUR IMPÉRIALE DE PARIS.

La propriété littéraire et artistique
N'EST PAS une propriété

PARIS

CHEZ E. DENTU, LIBRAIRE-ÉDITEUR,

Palais-Royal, 13, galerie d'Orléans.

1862.

Les pages qui suivent ont déjà paru sous forme
d'articles dans la *Gazette des Tribunaux*. Des personnes appartenant aux fonctions et aux professions
judiciaires ayant daigné approuver qu'ont eût eu la
pensée de mettre sous les yeux du public, ce qu'elles
ont considéré comme *les vrais principes*, on a pris le
parti de faire reparaître en brochure ces réflexions.

On n'a pas voulu changer ce que la forme primitive
aura de trop mondain pour les hommes habitués au
sobre langage du Droit ; tout en restant étroitement
attaché aux sévères enseignements de la doctrine,
il s'agissait moins peut-être de parler aux Juriscon-
sultes, que de rendre ces considérations sensibles et
saisissantes pour les lecteurs en général.

Tout le monde sait avec quelle ardeur un assez
grand nombre d'esprits distingués ont, dans ces der-
niers temps, réclamé comme une véritable conquête
de la civilisation sur la barbarie, l'hérédité perpétuelle des droits d'auteur, qui serait à leurs yeux,
le couronnement de l'édifice en matière de *Propriété*

littéraire et artistique. En ce moment même, tous les regards sont fixés sur une commission instituée par décret de l'Empereur à l'effet de préparer un projet de loi, et présidée par M. le comte Walewski ; le monde prend parti avec juste raison sur des intérêts qui sont les siens ; mais peut-être se laisse-t-il trop aller à certains entraînements. La confection des lois a ses règles comme les autres choses ; il serait inutile qu'un pays honorât la mémoire d'un Cujas, d'un Pothier, d'un Merlin, si le législateur pouvait, dans son œuvre, ne suivre que le sentiment et la fantaisie ; et, dans un temps si ami de la *spécialité* en toutes choses, il est étrange de voir que ce soit la Législation qui semble le plus échapper à la surveillance des hommes spéciaux.

On ne peut avoir ni la prétention ni le moyen de tracer ici tous les détails d'un projet de loi : on n'a voulu que remettre en lumière des règles éternellement enseignées dans nos écoles, et qu'on ne croit mises en oubli que par un engouement particulier à la question présente.

Ce sont ces principes qui détermineront les limites imposées au législateur, et le caractère général de ce que pourra être la loi projetée.

DU PRINCIPE

DES

DROITS D'AUTEURS

ET

DE LA PERPÉTUITÉ.

----◆----

La propriété littéraire et artistique
n'est pas une propriété.

« Certains auteurs, parlant de leurs ouvrages, di-
« sent : mon Livre, mon Commentaire, mon His-
« toire. Ils sentent leurs bourgeois qui ont pignon sur
« rue, et toujours un *chez moi* à la bouche ; ils fe-
« raient mieux de dire notre Livre, notre Commen-
« taire, notre Histoire, vu que d'ordinaire il y a en
« cela plus du bien d'autrui que du leur. » Ces lignes
de Pascal contiennent toute la vérité sur la Propriété

littéraire ; voilà sur cette matière le sentiment de l'homme qui eut plus de pensées *propres* que personne n'en eut jamais.

Sans nul doute encore, si l'on eût parlé de la propriété d'une idée, d'une forme, d'une invention publiées, je ne dis pas devant Gaïus ou Ulpien, ni aucun des sévères logiciens de Rome, mais devant les Domat ou les Pothier, ont eût fait perdre toute contenance et toute gravité à ces patriarches du Droit parmi les hommes.

Mais les mots ont leur fortune. — Certains pénètrent dans l'usage par un chemin détourné ; la science et la logique es laissent passer d'abord par négligence, dédain, ou par la faveur qui s'attache aux intérêts qui les introduisent. Peu à peu, ces mots grandissent, font leur chemin, s'imposent, et prétendent enfin imposer avec eux tout le bagage d'idées menteuses qui se cachent sous leur apparence. Dès ce moment, c'en est fait ; vous en appelez vainement à l'histoire, à la nature des choses, aux analyses les plus évidentes, vous ne serez pas le plus fort. Les mots vous accablent de la valeur que vous leur avez laissé prendre ; la foule est contre vous.

Et voilà ce qui va se voir dans la question présente.

Que les philosophes et les polémistes du dernier siècle, ou même de celui-ci, aient jeté en avant le nom de *Propriété littéraire* pour rendre plus vivement leur ressentiment contre des mœurs ou une législation qui laissaient enrichir les entrepreneurs de librairie ou de théâtres, tandis que les écrivains et les artistes mouraient de misère; que la conversation et le discours aient adopté un mot qui faisait image, et semblait mettre dans un plus grand jour l'équité de ce que l'on réclamait, rien de plus naturel; mais ce qu'on ne peut admettre sans protestation, c'est que ce mot devienne une raison; c'est que du monde où il a pris faveur, il veuille pénétrer violemment dans la science; que, malgré les répugnances profondes des choses, malgré toutes les notions qu'il pervertit, il lui faille sa place, sa place tout entière, avec toutes ses conséquences.

La législation, jusqu'à ce jour, ne s'en était servie que comme d'un titre et d'une étiquette; pour le fond des choses, fidèle à la réalité, elle avait accordé aux auteurs et aux artistes un simple privilége, ce que les Anglais et les Allemands, dans un langage juste et exact, appellent *Droit de copie.* Ce droit d'une nature particulière, elle en avait étendu successivement la durée selon les besoins et les convenances sociales. Vaine satisfaction! la prétention ne s'est jamais arrêtée. « Je m'appelle Propriété littéraire; donc je « suis propriété, c'est-à-dire entière, exclusive, abso-

« lue, hériditaire, et héréditaire à perpétuité. » Et, en vertu de ce jeu de mots, il faudra en passer tant bien que mal par ce qu'elle exige ! à peine même admettra-t-elle des différences avec son aînée ; jusquelà que, tout récemment, un journal habitué en toute matière à une légitime autorité, a trouvé pour le droit nouveau une formule qu'il communique à ses lecteurs. Ce qu'il veut, c'est « *l'annexion* » (c'est ainsi qu'il l'appelle) du droit des auteurs, au titre *De la Propriété*, dans le Code Napoléon : « Il suffirait, « dit-il, de proclamer qu'à l'avenir les droits des « écrivains et des artistes, sur les œuvres de leur es- « prit, seront régis par l'article 544 du Code Napo- « léon, ainsi conçu : « *La propriété est le droit de* « *jouir et disposer des choses de la manière la plus* « *absolue.* » Voilà, pour nous servir du style de ce même journal, « couper court aux embarras, et simplifier les choses. »

Toutefois, nous doutons qu'il soit au pouvoir de la commission présidée par M. le comte Walewski de jamais « aplanir et simplifier » de la sorte. Nous osons même craindre que l'hérédité et la perpétuité qu'elle a choisies pour bases de ses travaux ne lui donnent de terribles embarras, et ce sera merveille si on ne se voit forcé par toutes sortes de modifications, d'exceptions, de corrections et de tempéraments, d'anéantir, dans la suite de la loi, ce grand principe si solennellement proclamé au préambule. C'est qu'on est maître des mots et non des choses.

Quoi qu'il doive arriver, essayons par des exemples sensibles de rendre aux mots et aux choses leur portée véritable.

Puisque la pensée prétend qu'elle est un bien héréditaire, parce qu'elle est une propriété « comme « une terre, une maison, qu'elle doit jouir des mêmes « droits et ne pourrait être aliénée que pour cause « d'utilité publique », faisons voir, en premier lieu, que par sa nature même, elle est incompatible avec le droit désigné sous le nom de Propriété ;

Nous verrons secondement qu'elle ne peut être protégée que par l'espèce de privilége appelé *Mono-pole*, lequel n'a point du tout comme conséquences nécessaires, ni l'hérédité, ni la perpétuité ;

Enfin, dans un troisième paragraphe, laissant toute question de droit de côté, et nous attachant à ce principe de perpétuité considéré en lui-même, nous examinerons s'il peut être utile et juste que la société l'accepte et le consacre.

I

Que la Propriété littéraire et artistique est faussement appelée **Propriété**, et qu'elle n'a aucun des caractères essentiels qui font la propriété véritable.

« Toute œuvre produit du travail de l'homme est une propriété, et le produit du travail intellectuel, une propriété plus sacrée que toute autre. » Voilà le commencement et la source de la doctrine nouvelle.

Nous prions, premièrement, que l'on considère bien qu'il ne s'agit ici, en aucune sorte, du plus ou moins « *sacré* » du droit des auteurs ; nous ne pensons affaiblir ni déconsidérer en rien par les réflexions qui vont suivre tout ce que ces droits ont d'imposant et de respectable ; mais ils peuvent prendre leur place parmi les plus grands, sans être une propriété. Il s'agit de leur nature, de leur origine, non de leur noblesse.

Ceci posé, que peut vouloir dire la maxime : Toute
« œuvre du travail de l'homme est une propriété ? »

C'est un aphorisme sentimental, qui, comme il
arrive toujours, voulant trop prouver, n'aboutit à
rien. Toute propriété se fonde sur le travail; mais il
est faux que tout travail crée une propriété. Quand
Archimède, s'élançant de sa baignoire, criait aux
Syracusains surpris, le célèbre : « Euréka! » qu'a-
vait-il trouvé? La solution d'un problême d'aréo-
métrie : mais un bien quelconque pour grossir son
patrimoine, et dont aucune puissance humaine fût
maîtresse de lui faire une richesse autre que de
gloire, voilà l'impossible. De même Newton, décou-
vrant la gravitation universelle; de même Harvey
la circulation du sang.

— Sans aucun doute, répondent les défenseurs
de la propriété nouvelle; les lois de la nature ne
sont pas susceptibles de propriété privée.

— Soit, répondons-nous à notre tour; mais alors
votre point de départ est faux dans sa généralité; tout
travail, même le plus noble, n'est pas cause de propriété; le travailleur peut poursuivre un autre but
qu'un profit d'argent; de votre aveu, et dans la sphère
même des découvertes intellectuelles, il faudrait distinguer des choses sujettes à appropriation, et des
choses qui ne le seraient point.

Voilà donc déjà comment les partisans de ces doctrines nouvelles, sont ramenés d'eux-mêmes aux très-vieilles, très-bonnes et très-solides leçons de notre première jeunesse, qu'on bat vainement en brèche tous les jours. « Suivant le Droit naturel, « est-il dit aux Institutes de Justinien, sont com- « muns à tous, l'air, l'eau courante, la mer, etc., et « par suite les rivages ; l'accès du rivage de la mer « n'est donc interdit à personne, pourvu qu'on « s'abstienne des maisons de campagne, des monu- « ments des édifices, parce que ces objets ne sont « pas du Droit des gens comme la mer. » (Inst. lib. II, t. I, § 1.)

Là est la vérité fondamentale. J'en appelle à quiconque a une notion de la science du Droit. — Et l'on excusera les termes juridiques de cette discussion ; à toute science sa langue. — Un droit, qu'est-ce, si ce n'est un rapport entre un homme et un autre homme, ou entre un homme et une chose? Or, parmi les choses, il en est que la nature a faites pour le rapport appelé *Propriété*, d'autres ne le sont pas. Toutes les puissances du monde ne changeront rien à cela. En conséquence, la question est de savoir, si, de même que l'air et l'eau, les œuvres de la pensée n'ont pas de tels caractères et une telle origine, qu'elles soient absolument incompatibles avec la vraie, l'antique, l'éternelle propriété.

Premièrement, qui dit Propriété dit *Possession* qui dit Droit d'auteur, d'artiste, d'inventeur, dit *Publication,* c'est-à-dire deux choses opposées et contradictoires. Et ceci n'est pas une simple antithèse de langage, ni ce que le journaliste simplificateur appelle une subtilité de jurisconsulte, c'est l'admirable et éternelle nature des choses dont la science du Droit ne fait qu'observer et constater les rapports. Ce qui est PROPRE, c'est ce qui est assimilé à nous, exclusif de toute participation par autrui. En conséquence, ne sont pas compris dans cette définition les objets sur lesquels l'homme ne saurait établir une occupation durable, exclusive et perpétuelle. Pourquoi l'air, pourquoi l'eau courante ne peuvent-ils s'unir à l'homme par le rapport appelé Propriété? C'est que, s'il est maître de ces choses tant qu'il les tient en ses mains, il ne l'est plus quand la nature les rend à la communication de tous. De même, par les mêmes et par de plus fortes raisons est la pensée et ses productions. Vous êtes incontestablement propriétaire de l'exemplaire, chose corporelle, que vous avez créé, à savoir du papier, du marbre, de la toile. Même vous êtes maître encore et propriétaire de la pensée tant qu'elle n'est pas sortie de la boîte osseuse de votre cerveau, comme vous seriez de l'air enfermé dans la machine pneumatique, que vous pouvez travailler et modifier à votre gré. Mais brisez la cloche, rendez air ou pensée à la liberté ; c'en est fait, l'un et l'autre vous échappent par leur fluidité même ; vous ne sauriez ni retenir, ni modifier, ni reprendre.

Tel est le grand caractère, l'empire souverain de la Possession, organe, si on nous permet ce langage, instrument indispensable de Propriété.

Aussi de cet empire relèvent (tant les choses se tiennent et s'ordonnent nettement quand on est dans la vérité), de cet empire de la possession relèvent des caractères essentiels du droit de propriété : « *Plenam in re habere potestatem,* » avoir sur la chose une pleine et entière puissance (Just., lib. II, tit. V, § 4.), Cette puissance, l'analyse la plus ancienne et la plus consacrée l'a divisée selon les trois idées suivantes : *Usus,* usage ; *Fructus,* fruits, produits, profits ; *Abusus,* faculté de disposer, de modifier, de transmettre, de détruire ; et tout cela sans aucun partage avec autrui, sans que nul puisse intervenir avec nous dans l'exercice d'un de ces fractionnements du droit de propriété.

Mettons donc un instant en parallèle le Droit certain et enseigné par la nature, avec le Droit d'invention récente.

Me voici propriétaire d'une maison. J'en ai l'usage, je l'habite seul, je puis faire que nul n'y pénètre malgré moi.

Vous vous dites propriétaire de la fable qui sert de fondement à telle comédie, des vers qui la remplissent, de la mélodie que vous chantez, de telle peinture, tout cela étant publié ! Si vous en avez l'usage, je ne l'ai pas moins que vous ; je l'ai aussi étendu ; plus étendu peut-être que vous-même, selon mes facultés et mes moyens. Allons plus loin : vous en êtes si peu maître, que vous ne pouvez m'en interdire l'usage, je ne dis pas seulement par caprice et arbitrairement, comme vous pourriez faire d'une maison ou d'un cheval, mais pas même pour défendre la pureté, la valeur, la dignité de cette œuvre qui est vôtre. Je pourrai, s'il me prend envie, débiter vos vers à contre-sens, chanter votre air à faux et sur une fausse mesure, tirer de votre tableau ou de votre statue des copies déshonorantes. Et toute loi qui tenterait de s'opposer à cela serait insensée et ridicule.

Le dernier de ces trois démembrements de la propriété *(Abusus)* ne sera pas moins hors de votre portée, nous voulons dire le droit de modifier et de détruire. Assurément, dans un certain sens, vous pouvez corriger votre pensée publiée, mais ce ne sera pas là une modification véritable. Vous aurez mis à côté et à la suite de la première forme, une nouvelle forme que le monde jugera, mais vous n'aurez pas retiré la première ; les hommes pourront choisir entre les deux variantes, préférer la première à la seconde, et se passer de votre avis. Quant à détruire l'œuvre intellectuelle et à retrancher du public ce qui a passé dans ses mains, demandez à ceux qu'un remords de conscience ou l'exigence d'un artiste trop jaloux de sa gloire eût armé contre son propre ouvrage, ce que ces remords ou cette exigence ont pu contre la communauté maîtresse de leur pensée.

Reste un seul et dernier effet du droit de propriété *(Fructus)*, la faculté pour le maître de tirer seul certains profits d'argent. C'est là-dessus qu'on se débat ; c'est le seul point emprunté à la propriété vraie et attribué aux œuvres intellectuelles, qui puisse prêter un instant à l'illusion et à la confusion. Encore les applications et les règles sont-elles aussi vagues et arbitraires dans un cas, qu'elles sont nettes et précises dans l'autre. Les choses possédées et saisissables ne donneront aucun produit naturel, commercial et industriel qui se puisse détourner de mes mains. Cette maison, je la louerai ou ne la louerai point, à mon gré ; il n'est travail auquel l'on puisse soumettre le bœuf ou le cheval qui sont à moi, sans que j'en règle ou en exige le salaire... Mais vous, où commenceront, où finiront les emprunts faits à votre génie sur lesquels vons exigerez un tribut ? Orateur, irez-vous réclamer à Pierre et à Paul les larcins faits à la voix, au regard, à l'habitude du corps ? Chanteur, réclamerez-vous un prélèvement sur cet art de former et conduire le son ; grand comédien, sur cet artifice qui donne la valeur au mot, ou met tout un personnage en lumière; peintre, sur cette manière inconnue de de disposer vos couleurs ; musicien, sur ce rhythme encore inouï ? — Non. Tous ces enfants du génie humain iront avec leurs formes et leurs grâces diverses enrichir des rivaux. Vous les retrouverez, chacun les reconnaîtra pour vôtres ; mais vous vous tordrez les bras de jalousie et de désespoir avec l'impuissance d'en rien ressaisir, tandis que le tranquille possesseur du champ ou de la vigne recueillera sans dispute et sans partage ses vins et ses moissons. Et il n'est pouvoir ni décrets qui fassent jamais rien à cela ; c'est la nature elle-même qui subtilement nous fuit, se dérobe, nous échappe.

Toute cette analyse n'est pas un vain étalage ; elle

tient intimement au sujet. Elle montre l'étroitesse du rapport qui existe entre l'homme et les choses qui sont véritablement siennes ; en telle sorte qu'elles sont à ce point unies et assimilées à lui, si l'on peut parler ainsi, que c'est pour cette raison qu'on les appelle *propres*, c'est-à-dire exclusives de tout rapport quelconque avec autrui. A l'inverse, elle montre que, dans ce qu'on voudrait appeler la Propriété littéraire et artistique, ce même rapport entre l'artiste et son œuvre, est si vague et si relâché, que pour la plus grande partie chacun en est aussi maître et plus maître que lui. Et toutes ces considérations sont de la plus grande conséquence pour les questions de proprieté et d'hérédité. Car c'est en vertu des principes qui viennent d'être exposés ; c'est parce qu'à aucun moment aucune personne ne peut entrer dans aucune parcelle de la possession ; c'est parce que l'usage en est exclusif ; c'est parce qu'aucun fruit ne peut aller à autrui sans la volonté du maître ; c'est enfin parce que ce maître peut à son gré, en tout temps, disposer de sa chose et la détruire, que le domaine est de toute nécessité perpétuellement héréditaire.

On voit donc comment, à propos de cette question de perpétuité, il était indispensable de démontrer que ce que l'on appelle Propriété littéraire, n'a rien de commun avec la propriété vulgaire et naturelle. En effet, comme il est impossible de refuser à la propriété véritable les conditions d'hérédité et de perpétuité, sous peine de lui porter une mortelle atteinte, il faudrait bien, si ce que l'on est convenu de nommer Propriété littéraire, lui était, en tout ou pour une trop notable partie, semblable, conclure que les droits des auteurs ne peuvent se passer d'hérédité. Et c'est aussi pourquoi les partisans des doctrines nouvelles s'efforcent de confondre deux choses si différentes sous un même titre; c'est pourquoi ils tiennent tant aux noms et aux appellations, pourquoi, en un mot, ils insistent si fort pour maintenir cet aphorisme : « *La propriété littéraire est une propriété.* »

Mais, après ce que nous avons dit, nous consentirons que l'on prenne tous les noms que l'on voudra; seulement, il sera bien entendu qu'en confondant sous une même désignation deux choses absolument différentes et presque opposées, il ne sera permis de conclure en rien de l'une à l'autre.

II

La prétendue propriété littéraire et artistique n'est et ne peut jamais être qu'un Monopole, lequel n'a point la perpétuité pour conséquence nécessaire.

Nous venons de montrer ce que *n'est pas* le droit des auteurs; essayons maintenant de voir ce qu'il est, et ce qu'il peut être.

On a bien compris, en effet, et il est incontestable que tout ce qui précède ne s'oppose pas à ce que, par des motifs d'équité, d'utilité, et dans tels intérêts que l'on jugera bons et opportuns, on ne fasse des lois qui attribuent aux œuvres de la pensée leurs prérogatives. On pourra, par exemple, décider par des lois positives que nul autre que l'auteur, ou que nul sans son consentement ne pourra imprimer son ouvrage, ou qu'on ne l'imprimera point sans lui payer tribut; qu'on ne pourra ni le traduire, ni l'imiter d'une manière trop reconnaissable, etc., etc.

Seulement toutes ces dispositions, quelles qu'elles soient, resteront soumises à une distinction fondamentale. Cette distinction, c'est celle qui existe entre le Droit naturel et nécessaire, d'une part, et d'autre part, le Monopole, qui est une de ces créations juridiques que les hommes inventent pour les besoins et l'équilibre d'un certain état social. Le droit à accorder aux auteurs sera-t-il Droit naturel ou Monopole? Telle est la question.

Il n'en est point de plus importante. On affecte de la nier; on se ferme là-dessus les yeux à plaisir. Mais comme c'est une vérité qui a son siége dans les faits les plus irrécusables, et qui a les plus grandes conséquences pour la matière qui nous occupe, nous croyons indispensable de l'établir. Nous espérons, du reste, rendre ces considérations techniques faciles à suivre et saisissantes pour tous, en les faisant ressortir des faits même.

Voici le Droit naturel.

Un homme coupe une branche d'arbre, fabrique une flèche, poursuit un animal à la chasse, se fait un vêtement de sa dépouille, laboure et arrose un champ. Ici la nature se charge, sans que nul puisse s'y méprendre, de la distinction du tien et du mien. Vous pouvez sans crainte écrire cette formule; qui est la plus simple qui se puisse trouver : « La Propriété « est le droit d'user et de disposer des choses de la

« manière la plus absolue. » Avant qu'aucune loi n'ait été écrite, le Droit existait aussi étendu, aussi défini qu'il peut l'être là.

Voici naître maintenant le Privilége.

Voulez-vous avoir en effet un exemple de ce que peut la confusion des genres, choisissez une rédaction semblable en matière de droits d'auteurs. Vous trouvez des esprits, amis de la simplification, qui voudraient que tout l'appareil de la justice se bornât à des magistrats jugeant avec le seul bon sens, sans lois ni règles écrites; prétendre enfermer toute la théorie des droits d'auteur dans une formule semblable à celle de l'article 544, c'est être, en législation, de la force de ces gens-là. Avisez-vous donc d'écrire, en parodiant la rédaction de l'article 544 du Code Napoléon : « La propriété littéraire sera le droit « de jouir et de disposer des œuvres intellectuelles « de la manière la plus absolue »; puis cela dit, confiez à un juge, pour être appliqué, un texte pareil!...

L'épreuve est facile à faire ; essayons.

Homère dit : « L'Aurore aux doigts de rose .;. » Voilà une forme, une image composée par son génie. Quelqu'un donc pourra-t-il écrire sans conteste ces deux mots ainsi associés? C'est en effet ce que semblerait interdire le nouvel article 544.

— Misérable querelle! va-t-on nous dire; il ne saurait y avoir droit que là où naît l'intérêt, et où commence le préjudice. — A quoi l'ombre d'Homère, répondrait peut-être : « Ne suis-je pas *le Père des* « *poètes?* Si mes enfants n'avaient pas, à force de « revêtir mes dépouilles en toute occasion, fatigué « et rassasié de tant de beautés dont je suis plein les « oreilles et les imaginations des hommes,. mes œu- « vres auraient encore leur fraîcheur native, et con- « séquemment une valeur plus grande! »

Mais passons.

Je m'empare de ces cinq mots de Pascal; « L'homme « est un roseau pensant, » Qu'on me dise où sera au juste la propriété de ce grand esprit! On me refuse-rait assurément le droit de faire une pièce de théâtre sur un conte ou un roman composé par autrui; me refusera-t-on de même cette immortelle image du Roseau pensant pour sujet, par exemple, d'une dis-sertation philosophique? Ne dites point que je prends plaisir à disputer sur les infiniment petits. La vérité est, ou n'est pas; la propriété d'un brin d'herbe vaut, en droit, la propriété d'un palais, et l'on m'accor-dera bien qu'une pensée de Pascal est une œuvre d'esprit complète, qu'elle a dans sa petitesse une existence propre, tout aussi bien qu'un poëme épique.

M'objectera-t-on qu'une idée n'est point susceptible de propriété privée ; que c'est seulement l'application et la forme qu'il faut considérer ?

Avançons donc,

« On a souvent besoin d'un plus petit que soi. » C'est une idée pure, abstraite, dégagée de forme, si tant est qu'une idée puisse se concevoir sans une forme particulière. Un homme se présente qui, pour rendre cette moralité plus piquante, ou plus naïve, ou plus saisissante, imagine d'enseigner cela au moyen d'une petite action. Il oppose donc l'un à l'autre, non pas deux hommes, mais deux animaux d'une extrême force et d'une extrême faiblesse. Il invente l'Apologue ; il écrit *le Lion et le Rat.* Voici que le lendemain un rival trouve l'invention agréable et de son goût. Il ne va point chercher une autre moralité ; il applique le même procédé, change seulement les personnages, et vous avez un second apologue intitulé : *La Colombe et la Fourmi.* Dans le procès qu'on pourrait bien faire à cet imitateur, suffira-t-il pour être absous qu'il allègue *en ses conclusions et plaidoiries* que

« L'autre exemple est tiré d'animaux plus petits. »

Enfin, voici la question dans son entier développement. Je ne sais quel rhapsode Espagnol respire avec l'air brûlant de son pays, ce type sombre et mystérieux d'un séducteur insatiable, livré, en punition de son incrédulité et de ses crimes, aux bras du Convive de pierre. Sur cette superstition, tout le théâtre du XVIIᵉ siècle se donne carrière, et se couvre de Don Juans. Le même héros inspire à Molière une immortelle comédie ; à Mozart, un opéra sans égal ; Hoffmann greffe là-dessus un conte ; lord Byron, la plus éblouissante des satires (1). Qu'on rassemble tous ces grands hommes, et qu'on fasse entre eux la part du tien et du mien !

— Concluez, me dira-t-on. Auriez-vous l'intention de démontrer par ces exemples prodigués qu'il soit impossible de trouver une base et une assiette au droit des auteurs ?

— A Dieu ne plaise ; mais ce que nous prétendons, c'est que par là nous rendons sensible et nous faisons toucher du doigt, pour ainsi parler, la distinc-

---

(1) I want a hero. . . . .
    I'll therefore take our ancient friend Don Juan;
    We all have seen him, in the pantomime,
    Sent to the Devil somewhat ere his time.

« Il me faut un héros.... Je prendrai donc notre vieil ami « Don Juan ; nous l'avons tous vu, dans la pantomime, envoyé au Diable avant que son temps ne fût venu. »

(D. Juan, c. I, str. 1.)

tion que nous recherchons entre le *Droit naturel* et permanent, et le *Monopole*.

Il est impossible, en effet, qu'on ne voie pas clairement la différence profonde qui sépare ces exemples-ci de ceux tirés d'une arme fabriquée par l'homme, d'un animal tué à la chasse, de la terre et de la maison. Plus haut, les choses marquaient d'elles-mêmes leurs limites ; le juge n'a qu'à suivre la nature, le tien et le mien sont tranchés avant qu'une loi écrite, et sans qu'une loi écrite vienne s'en expliquer. Ici, au contraire, n'est-il pas évident que vous jeterez choses et gens dans une confusion inextricable, et que, par une rédaction semblable, vous aurez ouvert la porte aux prétentions les plus folles ? que l'on verra jaillir autant de propriétés dans le champ de la pensée, que de brins de mousse dans la forêt ? qu'une nuée d'auteurs se leveront pour revendiquer depuis la plus simple image née de deux idées rassemblées, jusqu'à la combinaison de trois ou quatre situations qui composent un drame, jusqu'à la forme plus générale qui donne naissance à tout un genre ? Concluez donc qu'il faudra ici une sorte de loi tout opposée, qui procède tout-à-fait au rebours de la Propriété vraie ; une sorte de loi qui, au lieu de se contenter d'une mention vague et générale comme l'article 544, désigne, chiffre, crée, limite trait pour trait les prérogatives qu'elle met en réserve pour le travail de la pensée,

— Différence de détail, nous dira-t-on, et qui tient uniquement au genre spécial des objets de la Propriété littéraire et artistique.

— Non pas; on ne s'échappera point par là. Pas d'équivoque. Ce qui ressort de tous ces exemples et de ces analyses, c'est un phénomène d'observation de la dernière évidence, qui défie toute discussion, et qui se montrera tant qu'il y aura des sociétés et des lois pour les régir. Ce phénomène, c'est que, sous les noms de Droit naturel et de Privilége (ou de quelque nom qu'on veuille les appeler), le Législateur, ayant à régler les rapports entre les citoyens d'un Etat, se trouve forcément en présence de deux ordres de faits absolument contraires.

Dans la plupart des cas, ces rapports entre les hommes sont régis à l'avance par la naturelle liberté, par le jeu spontané de nos facultés. C'est ainsi quand il s'agit de la propriété des choses corporelles énumérées plus haut. Le rédacteur de la loi n'a donc qu'à reconnaître des résultats nés avant lui, indépendamment de lui, et s'en fier à la conscience et à la nature pour tout distinguer, tout régler, tout déterminer.

Mais il arrive souvent à l'inverse, que, par la combinaison de certaines circonstances sociales, des besoins momentanés, les mouvements de cette même liberté amèneraient une iniquité accidentelle et contingente. C'est alors le devoir et le bienfait de la puissance publique d'intervenir; il faut qu'elle restreigne et retranche; qu'elle modifie des conséquences qu'enseignerait l'usage libre et ordinaire des choses. C'est ce qu'elle fait par des lois spéciales; et ce sont ces lois spéciales et restrictives qu'on appelle Priviléges (*ex privata lege*).

De là donc, deux modes de législation, légitimes et justes toutes deux, mais d'origines fort différentes, et même tout-à-fait opposées.

Dans le premier, c'est la liberté humaine, qui, se trouvant en tout d'accord avec l'équité, suit ses propres mouvements et se suffit à elle-même; dans le second au contraire, elle amenerait une injustice, qui bien qu'accidentelle, n'en serait pas moins funeste ; le corps social lui impose donc des restrictions et des entraves.

Comme entre les deux origines, l'opposition sera grande entre les caractères de ces deux législations La maxime dans un cas sera : « Ce qui n'est point défendu est permis; » dans l'autre : « Ce qui n'est pas dans la loi n'existe point. » La première procédera par analogies dans ses applications, et ne craindra point de conclure d'un fait à un fait semblable;

la seconde sera dite de *Droit étroit*, et n'osera jamais sortir des limites sévères imposées par les textes.

De là enfin une opposition complète dans les conséquences, qui se rattachent directement à la matière qui nous occupe. Quand il s'agira de *Droit naturel*, un grand nombre de résultats pourront être nécessaires sous peine de mutiler la personne elle-même ; tel sera par exemple le Droit de Propriété, et, pour la vraie propriété, les attributs de transmissibilité et d'hérédité; c'est pour un droit de cet ordre que Mirabeau s'écria contre une loi dont on prétendait l'enchaîner : « Je jure de vous désobéir. » Mais quand on sera en face du droit, résultant de l'arrangement, de la combinaison, de la création sociale, du *Privilége* en un mot, il n'y aura rien d'absolument nécessaire; tout variera, selon les appréciations de ce sentiment d'équité accidentelle, et dont l'État est le vrai juge; qu'il peut étendre, limiter, varier, suivant les mœurs, les nécessités, les utilités du moment. Ces créations juridiques porteront sur l'usage des choses, ou seulement sur les fruits, ou seulement sur la transmissibilité; ils se borneront à un an, à dix ans, à cinquante ans, ou embrasseront la perpétuité, suivant les cas, suivant les personnes, suivant les intérêts.

Résumons-nous : le Droit naturel, ce sera l'exercice spontané de nos facultés et le libre usage des choses; le Privilége, ce sera la restriction, l'obstacle mis à ces libertés par les dispositions particulières d'une loi. Telle était la distinction que nous voulions faire clairement ressortir; la voilà telle qu'elle résulte, non pas d'une classification arbitraire et doctrinale, mais telle que l'enseignent les faits, et l'éternelle essence des sociétés humaines.

Ceci posé; le Droit à accorder aux auteurs pourra-t-il jamais être autre chose qu'un Privilége, qu'un Monopole? Quel doute peut rester ?

Les exemples ci-dessus, en effet, ont montré combien, dans les formes diverses qu'affectent les œuvres de l'esprit, il est difficile de limiter le tien et le mien; combien tout est vague et mal défini. La nature même semblerait s'opposer à toute espèce d'appropriation; car il est hors de doute qu'étant possesseur d'un exemplaire, livre, peinture, statue, j'ai le droit d'en faire copie; de Droit naturel encore, cette copie étant incontestablement mon ouvrage, et nul n'y pouvant rien prétendre, j'en suis le maître et je la vends; de Droit naturel enfin, je puis faire et vendre semblablement une seconde, une troisième, une quatrième de ces copies, et ainsi de suite. Qu'on les multiplie à l'infini, le nombre ne changera rien au droit.

C'est ainsi, en effet, qu'on l'a entendu pendant de longs siècles. Un petit nombre d'artistes et de penseurs écrivaient et travaillaient pour un petit nombre; les moyens de reproduction étaient limités; quelques exemplaires, rares trésors des savants, circulaient dans le monde; chacun avait sa valeur séparée; il ne naissait point de là une source générale et féconde. Mais qu'est-il arrivé? La société Européenne a fait tout à coup des pas immenses: l'industrie, le commerce, armés de machines, lancés dans des routes ouvertes de toutes parts, ont amené une profusion de richesses. Ou n'a pas tardé de voir que les travaux de la pensée pure allaient se trouver vis-à-vis des professions des autres hommes dans une inégalité de condition singulière; en cela, l'équité sociale, un légitime point d'honneur de la dignité humaine allaient se trouver blessés. Ces sentiments ont donc cherché et trouvé une première satisfaction; les rois, les princes, les grands ont pris à leur charge ces magnifiques et naïfs artistes, estimant que par là ils ajoutaient à leur propre gloire un nouvel éclat. Peu à peu, par amour de l'égalité, né de nos mœurs modernes, par un délicat besoin d'indépendance, on a cherché pour les écrivains des ressources moins précaires. L'imprimerie, la gravure, les autres arts, la multiplicité des moyens de reproduction, la foule des *consommateurs*, tout cela formait une source de richesses continue, incessante et se renouvelant d'elle-même. On a conçu alors l'idée qu'en retranchant du Droit commun pour le réserver aux auteurs, le droit de vendre seuls ces fruits de leur pensée, ou en leur assurant un prélèvement sur les profits que d'autres imagineraient d'en tirer, on leur donnerait le moyen de se tenir à l'écart de ces protections, on mettrait de niveau leur fortune avec leurs mérites et les services rendus par eux à la société. Il a donc fallu qu'une *loi particulière* (Privilége) intervînt, qui séparât ce qui était confondu ; qui défendît au possesseur de l'exemplaire l'exercice d'un droit qui était auparavant compris dans la somme dé ses droits de maître, celui *d'en vendre des copies* ; on a vu paraître en même temps que ces protections spontanées et volontaires de la Cour, une sorte de législation tutélaire. L'autorisation et le privilége du roi n'étaient pas seulement un moyen de surveillance, ils étaient une constatation du droit exclusif, et un moyen de réserver à l'auteur la vente et les profits. Dans la loi moderne, ces concessions toutes personnelles sont devenues de mesure générale ; et l'on sait avec quelle faveur, depuis 1793 jusqu'à nos jours, le législateur en a successivement prolongé la durée au profit de la veuve et des héritiers de l'auteur. Ajoutons que la jurisprudence n'est pas restée en arrière de cette pensée protectrice de la loi.

Voilà bien nettement ce que l'histoire et ce que la raison démontrent ; le mot propre existait depuis longtemps avant qu'on ne l'eût gâté ; il embrassait tout ce que peut être le droit des auteurs, et ne disait rien de trop. Ce mot, c'est Monopole (*monos poleo*, vendre seul). Voilà la vérité ; en dehors, il n'y a que fantaisie, inconséquence et recherche vaine ; des esprits distingués se sont donné de grandes peines pour torturer les choses et les faire entrer à tout prix dans un faux semblant de propriété, quand il eût été si aisé de leur conserver l'aspect vrai et le vieux nom qui est le leur.

Telle est l'origine de la loi ; telle est sa pensée ; elle n'est, et ne pourra jamais être autre chose. De quelque nom que l'on appelle ces réserves instituées au profit des auteurs, que l'on y voie une remunération accordée par le monde à ses enfants de génie pour les plaisirs qu'ils lui donnent, ou un juste salaire de leur travail, vous trouverez toujours ce même caractère qui range l'institution, non point parmi les droits primordiaux et naturels, mais parmi les combinaisons juridiques et législatives ; vous reviendrez toujours à la pensée de mettre les artistes et les écrivains dans le rang qui leur est dû, à la nécessité d'effacer l'inégalité qui existerait entre ces aimables ouvriers de l'esprit et les travailleurs salariés des professions communes.

Quelle est donc enfin la conclusion de tout ceci : c'est que par cette démonstration, si nous l'avons faite, nous aurons fait un pas immense. Nous aurons tiré des conséquences que les partisans de la propriété à tout prix ne veulent pas admettre, à la vérité, mais qui apporteront à la législation et même à la jurisprudence, flottante entre toutes ces doctrines dont on la trouble, de vives et indispensables lumières.

Dans l'application, on ne recherchera plus pour les auteurs un droit impossible, se brisant à chaque pas contre la réalité et la logique, menant à l'absurde ; on ne poursuivra plus des effets nets, précis, indépendants comme sont les antiques franchises de la Propriété. Le juge s'en tiendra aux textes, et n'étendra point indéfiniment un privilége de *Droit étroit*.

Et, au point de vue de la législation, qui nous occupe ici principalement, au point de vue surtout du principe de perpétuité qui soulève tous ces débats, nous aurons déterminé la vraie limite qu'on sera en droit de fixer à cette prétention des auteurs. Puisqu'il ne s'agit, en effet, pour la société, que de pourvoir suffisamment, par un bienfait artificiel né de sa puissance, à la dignité de ses poètes et de ses écrivains, une fois qu'elle aura atteint ce but, une fois qu'elle aura, autant qu'il se peut faire dans les rapports compliqués de la vie moderne, établi cet équilibre et comblé cette inégalité, elle pourra fermer l'oreille aux obsessions de ces enfants impérieux et mutins qui demandent, et demandent sans cesse. Satisfaite et tranquille, elle pourra se reposer comme une mère qui a fait le possible pour ramener la paix et l'harmonie entre les siens.

C'est sur ce point de départ que nous nous appuirons pour suivre maintenant dans sa marche, et au point de vue pratique, ce principe de perpétuité considéré en lui-même.

III

En consacrant le principe de perpétuité en matière de droits d'auteur, la société compromettrait ses biens les plus précieux en même temps qu'elle ferait une violence manifeste à la liberté humaine.

Il faudrait d'abord, dans cette balance d'intérêts respectifs, sous prétexte de réparer une inégalité, se garder de créer une inégalité nouvelle et monstrueuse, et de fonder au profit de certaines familles une richesse tellement au-dessus de toutes les autres, qu'elle fût, non plus un bienfait, mais presque un mal et une oppression sociale. Qu'on nous entende bien : la raison que nous donnons serait odieuse s'il s'agissait d'un droit naissant spontanément du travail, de la naturelle liberté, de l'exercice indépendant des facultés de l'homme. Mais ce que vous voulez consacrer n'étant pas autre chose qu'une protection donnée par l'État à un certain travail, il serait manifestement injuste et oppressif qu'on favorisât avec une préoccupation aveugle et excessive certains travaux, certaines facultés, si hautes et si nobles qu'elles puissent être. Or, imaginez-vous la somme de richesses accumulées dans la famille d'un Cicéron, d'un Horace, d'un Sophocle modernes ?

A propos de cette immense donation sociale, songez qu'il est des facultés de même ordre, aussi nobles, aussi pures, aussi utiles, et la plupart du temps moins douces a la vie de l'auteur, pour lesquelles vous n'avez rien. On a sans cesse à la bouche, à propos de ces questions, les infortunes de la petite-fille de Racine. La misère qui accablerait la postérité d'un Papin, d'un Kepler, d'un Laplace, serait-elle moins déchirante ? Et ces belles découvertes qui ont enrichi le monde n'ont pas apporté un denier à leurs auteurs. Inégalité déjà fâcheuse, à laquelle on se soumet, puisqu'ainsi l'ordonne la nature des choses ; mais. inégalité qui deviendra insupportable si vous y ajoutez tout l'excès de ce que va imaginer l'État.

Prenez garde encore que vous oubliez toute une classe de génies qui vous touchent de bien plus près ; qui, eux aussi, vivent d'œuvres intellectuelles, et qui déjà ont un pied sur votre principe. Car qui pourra concevoir avec netteté comment les mêmes esprits et les mêmes bouches affirment Propriété littéraire et nient Propriété industrielle ? Il faudra donc accorder la perpétuité à ceux dont un brevet d'invention a proclamé et consacré le premier pas fait dans la découverte ! On aperçoit à l'instant la série des conséquences. Le premier homme qui substitua une maison de bois ou de pierre à la hutte du sauvage eût été le seul Maçon devant l'Éternel; celui qui tissa la première étoffe, qui assit la première machine sur deux cerceaux roulants, qui le premier chauffa et assouplit les métaux, eût constitué dans le monde la famille des Filateurs, des Carrossiers, des Forgerons; tous ces noms d'industries seraient devenus à jamais les seuls et les immortels noms patronymiques. Sans doute tout cela est insensé, mais tout cela est logique; on le sent, on s'égare dans des distinctions plus subtiles que les fils les plus déliés. Mais les Auteurs ne persuaderont jamais les Inventeurs; ils auront quelque peine à convaincre le monde que les écrivains jouiront sur les richesses de l'Imprimerie de droits éternels, mais qu'un Gutenberg, par exemple, qui fit jaillir pour leur gloire et leur fortune cette source à jamais féconde, ne devrait attendre de leur reconnaissance qu'un privilége temporaire.

Enfin ce n'est pas tout qu'un sentiment généreux et tendre, encore faut-il en mesurer la portée. Si vous voulez garantir à jamais contre la pauvreté les descendants des grands chantres et des grands peintres de l'humanité, il faut aller jusqu'au bout. Interdirez-vous à l'artiste de vendre son œuvre? Si vous ne faites cela, vous n'aurez rien fait. Vous aurez donné à l'auteur, sans doute, le moyen de vendre plus cher à son libraire ; mais de quelque appât que le prix de la perpétuité pût tenter l'acquéreur, à moins d'établir une substitution à tous les degrés, vous n'aurez pas empêché l'homme de dissiper à mesure ces sommes immenses, par quelques-uns trop aisément gagnées, et de ne léguer à ses héritiers que le poids de son nom et l'infortune.

Ce n'est pas tout enfin. Législateurs, dépositaires de la masse des intérêts du public, il n'est pas permis, sous l'empire de cette seule préoccupation, de mettre en oubli toutes les autres utilités sociales. Une fois l'excès d'inégalité réparé, à côté de cette tendresse légitime pour l'écrivain, au nom de ces mêmes lettres, de ces mêmes arts, de cette même culture de l'esprit, n'a-t-on pas à tenir un compte des réclamations de la Postérité ? Qu'on fasse des statistiques tant qu'on voudra pour prouver que tout pourra être au meilleur marché possible, en attendant ces lumières, nous éprouvons chaque jour que les œuvres tombées dans le domaine public se vendent à bas prix, tandis que celles des contemporains nous sont offertes au poids de l'or ; à moins pourtant qu'à force d'amour et de respect pour la propriété nouvellement assise, on ne l'environne de barrières et de tarifs.

Un danger plus grand et plus considérable encore, sera celui qui menacera la vie des ouvrages eux-mêmes. Un héritier protestant condamnera à la mort ou à l'oubli les écrits d'un aïeul catholique, et réciproquement; le libéral ceux de l'absolutiste, le puritain ceux du poëte trop libre dans ses images. Et cela contre la volonté même, contre le droit sacré de l'auteur qui s'est cru impérissable. La nature avait fait les fruits de notre pensée fugitifs et rebelles à la possession; mais, en revanche, la même et généreuse nature, qui compense toutes choses, en avait fait des biens inséparables de notre mémoire. Vous bouleversez tout cet ordre, et si, aujourd'hui, nos héritiers sont mal assurés de la fortune, nous ne serons plus, nous, dans l'avenir, assurés de notre nom.

Et c'est sur ces réflexions qui frappent tout le monde, que l'on a imaginé cette admirable invention de *l'Expropriation pour cause d'utilité publique*, en vue de venir au secours des ouvrages jugés dignes d'être ravis à l'obstination, à l'avarice, à la passion de nos héritiers. Qui croirait à ce projet, si on ne le rencontrait dans des écrits fort considérables, et, nous assure-t-on, jusque dans des propositions officielles? Donc, il fera beau voir les malheureux citoyens composant ce jury d'une espèce assez nouvelle, supputer avec anxiété ce que telle épopée, telle ode, telle comédie, telle symphonie puissante pourront valoir et s'acheter dans la postérité la plus reculée. Au bout de combien d'années l'expertise sera-t-elle commencée et achevée? Attendra-t-on que *la Phèdre* de Pradon ait perdu toute la valeur empruntée à la sottise et à l'engouement d'une cabale, et que vingt années aient rendu à la voix éteinte de l'auteur d'*Athalie* tout son prestige? Sera-ce le lendemain de la chute de *Guillaume Tell* que l'État expropriera l'auteur, pour avoir les choses à meilleur compte? Et s'imagine-t-on les figures de ces hauts jurés chargés, en faisant la part de l'avenir, de coter sous un Domitien l'indemnité due aux Annales de Tacite, ou, sous Louis XIV, le prix à offrir pour les Mémoires de Saint-Simon?

On aura peut-être le droit de juger, par ces imaginations, de la justesse et de la vérité des principes qu'on vante et qui les font éclore. Voilà où l'on en arrive quand on substitue les mots aux choses, cette propriété qu'on veut établir en faveur des plus grands monuments de l'esprit, voilà où elle aboutit. Aux œuvres jugées misérables et mesquines, la Propriété perpétuelle; aux grandes et magnifiques, l'*Expropriation!* On avait vu jusqu'ici cette expropriation comme un accident rare et toujours disputé de la propriété ; voilà la première fois qu'elle en devient l'essence et le fondement.

Mais voici que se présente un intérêt bien plus élevé. Le Droit que les auteurs et les artistes peuvent réclamer sur leurs œuvres se divise, pour la pratique, en deux points de vue assez distincts. L'un intrinsèque, pour ainsi dire, attaché à l'ouvrage considéré en tant qu'*individu* intellectuel ; l'autre extrinsèque, dérivé, se rapportant aux imitations qui peuvent s'en faire. Par exemple, j'écris un roman : j'ai ce premier intérêt que nul autre que moi ne puisse l'imprimer, et retirer les bénéfices de la vente ; j'ai cet autre intérêt secondaire, que nul ne puisse, sur les mêmes combinaisons et les mêmes épisodes, composer un nouveau roman ou une pièce de théâtre reconnaissables pour venir de mon œuvre. — Tout ce que nous venons de dire a trait plus particulièrement à la première face de la question ; examinons rapidement la seconde, le droit pour les auteurs d'interdire à quiconque de faire sortir du même germe des ouvrages différents.

C'est ici qu'éclate, selon nous, avec pleine lumière, et la nature vraie de ce qui peut servir d'origine philosophique au droit des auteurs, et l'injustice de leurs prétentions à la perpétuité. Nous soumettons la com-

paraison de fait qui va suivre, non plus aux Juris-
consultes (nous pensons toute question de Droit
épuisée), mais à tout esprit droit, au sain jugement
du public.

Je m'empare aujourd'hui d'un conte délicieux imaginé par M. Mérimée. Des personnages qu'il a mis au
jour, des situations qui donnent la vie à son récit,
je compose un livret qui s'appelle le *Pré-aux-Clercs*
ou les *Huguenots*. Incontestablement on doit m'arrêter ; il en sera de même, si l'on veut, quand j'ar-
rangerai pour la scène Italienne un drame Français
contemporain ; car je porte à l'auteur un préjudice,
soit en mettant trop près de ses yeux son œuvre dé-
figurée peut-être et mutilée, soit parce que je l'em-
pêche, par cette intervention précipitée, de faire de
son ouvrage un emploi qu'il se réservait lui-même.

Mais ceci une fois reconnu et proclamé, pense-t-on
que dans cent, deux cents, cinq cents ans, il fût
juste de m'arrêter de même ?

Que l'on pèse bien ceci, et que le bon sens juge
seul. Notre La Fontaine n'a peut-être pas dix fables,
il n'a pas trois contes dont le sujet lui appartienne.
Cependant, ce qu'il a emprunté à d'autres, vit-on
personne s'en préoccuper jamais ? L'ouvrage n'est-il
pas de tout point œuvre propre à son génie, et fallait-il l'arrêter dans ses rêveries parce qu'il marchait

sur le fond du sec et sentencieux Ésope, du spirituel Horace, du conteur Indien Bidpay? Fallait-il arrêter Shakespeare dans tous ses drames, dont pas un peut-être n'a pris naissance sans qu'il en ait été d'abord demander le sujet aux conteurs du moyen-âge? Fallait-il, pour ménager Plaute, interdire à Molière son *Amphytrion*, et ce grand honnête homme était-il un plagiaire, ou un esprit de bon sens, qui disait : « Je prends mon bien où je le trouve (1)? »

Voilà le mot juste et décisif du problème : Le Present, le Passé! Voilà la différence sensible pour tout esprit entre les emprunts que se font les hommes dans le domaine de la pensée. — Et cette différence fondamentale, qui la crée? Le Temps, qui est cela même que les prétentions à la perpétuité ont le tort

______

(1) Nous avons cité plus haut le sentiment de Pascal en matière de Propriété littéraire; on voit celui de Molière; il peut paraître piquant de lire ce qu'en pense un poète du XIXe siècle ·

> « Byron, me direz-vous, m'a servi de modèle. »
> Ne savez-vous donc pas qu'il imitait Pulci?
>
> Lisez les Italiens, vous verrez s'il les vole;
> Rien n'appartient à rien, tout appartient à tous;
> Il faut être ignorant comme un maître d'école,
> Pour se flatter de dire une seule parole
> Que personne ici-bas n'ait pu dire avant nous.
> C'est imiter quelqu'un que de planter des choux.
>
> (ALFRED DE MUSSET, *Namouna*, ch. II.)

de méconnaître et de retrancher. C'est ce mystérieux ouvrier qui respecte la réserve faite au profit des écrivains et des artistes, quand la durée en est limitée ; c'est lui qui rendrait ces droits injustes et détestables, s'il devenaient perpétuels ; par lui, enfin, la société ferait non-seulement ce qu'elle n'est pas obligée de faire, mais ce qu'elle n'a pas le droit de faire, en immobilisant un flot fait pour couler et féconder sans cesse.

Et que l'on considère combien cela est manifeste. En effet, le monde qui nous environne, les traditions du passé, l'éducation reçue, le spectacle des choses contemporaines, la langue elle-même, cette œuvre et cet héritage de tous, sont un bagage et une matière commune sur lesquels notre esprit travaille. Chacun de nous s'épuise là-dessus ; nous y mêlons tout ce que nous pouvons de notre personne ; avec mille efforts, nous l'imprégnons de notre substance ; puis nous le laissons aller à tous, avec un peu de nos traits et quelque chose qui nous semble une émanation de nous-mêmes : « Je rends au public ce qu'il m'a prêté, » comme dit La Bruyère. Quelque temps le public se réjouit et se sent charmé, parce que nous étions avec lui en vive communication de sentiments, de nuances, de sous-entendus, et qu'il retrouvait chez nous, en caractères plus relevés, les préoccupations favorites de son cœur et de sa pensée. Mais peu à peu ce public meurt, nous mourons nous-mêmes ; nos œuvres qui nous survivent se trouvent en face de visages qui ne les connaissent plus ; elles portent des couleurs qui ne peuvent plus rien sur des yeux pour qui elles ne sont point faites. Un peu de temps passe encore ; et ce que je ne sais quoi de nous-mêmes, que nous avions jeté là, s'est effacé ; il faudra que ce fonds et cette matière, empruntés à la vie universelle, reviennent prendre en de nouvelles mains ce qui touchera le nouvel Age. Et les plus grands génies n'échappent point à cela ; ceux-là même dont les œuvres ont défié le temps, les Homère, les Eschyle, les Horace, chantres aimés et inspirés d'une société qui n'est plus, ne l'ont pas assez défié cependant pour pouvoir redire aux hommes du dix-neuvième siècle tout ce qu'ils disaient aux leurs. Ils ne peuvent plus que chatouiller quelques esprits savants et raffinés, et ressemblent à ces tissus embaumés dont les jours écoulés n'ont pas effacé tout parfum.

Il est donc juste, tant que ces traits qui viennent de nous sont encore animés, et remuent encore le monde qui nous a portés, que nul ne nous vienne ravir ce qui a conservé l'empreinte de notre vie, et ce qui pourra être de quelque profit pour les nôtres.

Mais dès lors que ces œuvres, ou médiocres, ou grandes, ont perdu ces vivants rapports entre l'auteur et la société qui les a reçues (ce qui ne peut manquer d'arriver après une moyenne d'un certain nombre d'années); quand les vestiges et comme le parfum de l'âme personnelle sont évanouis, dès lors ce serait une violence faite à la liberté humaine de confisquer et d'interdire à tout jamais aux générations futures, par je ne sais quelle étroite et inutile jalousie, les sujets qu'un homme a touchés par un point, et qui, suffisant à la memoire de celui qui n'est plus, ne peuvent plus rien pour la vie de ceux qui viennent; tandis que, renouvelés et rafraîchis par de jeunes mains, ils produiraient de nouveaux et superbes épanouissements dans l'histoire si variée des mœurs, des passions, des mouvements de l'âme humaine.

C'est là, à nos yeux, la nette et solide raison de la faveur que mérite le droit temporaire, et de l'hostilité déclarée qu'il faut montrer, au contraire, pour le droit perpétuel.

Et, qu'on le remarque bien, tous ces grands génies dont les nations se font gloire ont eu cet attrait instinctif pour leurs créations mutuelles. Se cherchant et se retrouvant à travers les barrières des siècles et des pays qui les séparaient, je ne sais quelle douce parenté les a universellement attirés à ce commerce et à cet échange d'un petit nombre de sujets caressés et transmis de main en main. Ils n'ont reconnu pour leurs véritables héritiers de ces trésors de l'esprit que ceux-là qui étaient capables de les continuer, et d'y ajouter les biens de l'esprit. C'est ce généreux héritage qui a uni Homère à Hésiode, Virgile à Homère, Racine à Virgile ; qui a mis aux mains de Shakespeare les richesses de Plutarque et des conteurs du temps passé, aux mains de notre Corneille le bagage de la Comédie Espagnole et les héros de Tite-Live. Tous ont rejeté loin d'eux cette avarice jalouse qui ne voulait tenir que de soi-même, et prétendait garder tout pour soi.

Vous-mêmes, auteurs, artistes, nos contemporains, que n'avez-vous pas emprunté à tous ces grands hommes ! Un seul de vous, parmi tous ceux qui nous charment et que nous aimons le plus, est-il venu tout en fleurs, comme Minerve est sortie toute armée du cerveau de Jupiter? Est-il un seul de vous qui, avant de demander des comptes à ses successeurs, n'ait un compte à rendre à ses devanciers? Avant donc de présenter cette loi funeste sur la perpétuité, rendez, rendez ce que vous avez pris à Rome, à la Grèce; à vos compatriotes Rousseau et Chateaubriand; aux étrangers à qui vous devez tant, à Goëthe, à Byron, à ce même Shakespeare, aujourd'hui si glorieux ; avant d'immobiliser et de garder en main cet héritage, et de le disputer à vos neveux, faites au moins, puisqu'il s'agit de *succession*, la *liquidation* du passé.

Ou plutôt rien de pareil. Revenez, en oubliant l'amertume qui s'y mêle, à cette grande vérité de Pascal par où nous avons commencé ces considérations. Profitez des lois protectrices accordées aux œuvres d'esprit par une société qui les honore ; mais reconnaissez en même temps que c'est véritablement dans les domaines de l'esprit que, contrairement aux choses de la terre, on peut dire que tout est à tous, et que rien n'est à personne. Laissez donc, après en avoir détourné la goutte d'eau nécessaire pour faire germer votre moisson de gloire, après vous y être abreuvés et rafraîchis, laissez passer ce fleuve majestueux de la pensée humaine, dont les sources, comme celles du Nil, sont cachées dans la nuit, et qui va se perdre dans l'infini Océan de l'avenir.